SPANISH

SELECTED READINGS IN EASY SPANISH

Selected, translated and edited by:
Álvaro Parra Pinto

EDICIONES DE LA PARRA
Caracas, Venezuela 2012

Copyright © 2012 by Alvaro Parra Pinto.
All rights Reserved

Selected Readings In Easy Spanish Vol. 3

ALL RIGHTS RESERVED:

This book may not be reproduced in whole or in part, by any method or process, without the prior written permission from the copyright holder. Unauthorized reproduction of this work may be subject to civil and criminal penalties.

Copyright © 2012 by Alvaro Parra Pinto. All rights Reserved

ISBN-13: 978-1484880418
ISBN-10: 1484880412

Amazon Author page:
http://amazon.com/author/alvaroparrapinto

SPANISH LITE SERIES

Selected Readings In Easy Spanish Vol. 3
Intermediate Level

This volume was written in simple, easy Spanish for intermediate language students. Fun and easy to read, it includes a selection of brief pages from the following best-sellers:

*ARABIAN NIGHTS (Anonymous)
Page 1
*THE JUNGLE BOOK by Rudyard Kipling
Page 13
*DAVID COPPERFIELD by Charles Dickens
Page 23
*FROM THE EARTH TO THE MOON by Jules Verne
Page 39
*TREASURE ISLAND by Robert Louis Stevenson
Page 49
*THE ORIGIN OF SPECIES by Charles Darwin
Page 59

All texts were translated, edited and simplified to increase language comprehension and ease reading practice with simple wording, short sentences, and moderate, intermediate-level vocabulary.

Selected Readings In Easy Spanish Vol. 3

Spanish Lite Series

1-NOCHES DE ARABIA

Anónimo

HABÍA UNA VEZ un poderoso rey llamado Sassan que vivía en las islas de India y China y era dueño de numerosos ejércitos y servidores. Este rey tenía dos hijos que al crecer se convirtieron en heroicos guerreros. Sin embargo, el hijo mayor siempre fue mejor que el menor.

Un día, el rey Sassan reunió a sus hijos y los nombró reyes de dos países distantes y desde entonces se separaron por muchos, muchos años.

El hijo mayor, conocido como el rey Schahriar, gobernó varios pueblos y lo hizo con mucha justicia. Todos los habitantes del reino lo respetaban y lo querían mucho. Pero su hermano, Schahzaman, no gozaba de la misma suerte en su reino…

Un día, después de veinte años sin verse, el hermano mayor sintió muchos deseos de ver al menor. Entonces llamó a su fiel Visir y le ordenó que viajara al reino de su hermano y lo invitara a venir.

Inmediatamente, el fiel Visir fue a ver al rey Schahzaman, el más joven, quien se alegró mucho y aceptó visitar a su querido hermano. Después de dejar todo en orden, pocos días después el rey Schahzaman se despidió de su hermosa esposa y comenzó su largo viaje al reino de su hermano Schahriar, acompañado por un numeroso grupo de militares y sirvientes.

Alrededor de la media noche, sin embargo, el rey Schahzaman recordó que había olvidado algo importante en su palacio y decidió regresar. Pero, para su desgracia, cuando llegó al palacio y subió a su habitación, halló a su amada esposa en brazos de un negro esclavo, gozando sobre su lecho…

Al ver a la pareja de traidores, el mundo se oscureció ante los ojos del rey Schahzaman. Furioso se preguntó mentalmente:

"Si apenas me fui mi esposa ya tuvo esta aventura, ¿cómo se comportará esta libertina mientras que yo visite a mi hermano?"

En ese momento, lleno de rabia, el rey sacó su espada

y mató a la pareja de infieles. Enseguida abandonó el palacio y continuó su largo viaje lleno de una profunda tristeza.

Varias semanas después, llegó a la lejana ciudad donde vivía su hermano, quien salió a su encuentro para darle la bienvenida. Lo recibió con los brazos abiertos y se alegró tanto al verlo que ordenó la realización de una gran fiesta en la ciudad. Pero el rey Schahzaman estaba muy triste y no dejaba de pensar en la traición de su esposa. Su rostro estaba pálido y su cuerpo se veía muy débil.

Al verlo en ese estado, el rey Schahriar pensó que quizás era porque los dos llevaban mucho tiempo sin verse y había sido un largo viaje. Y así pasaron los días, sin que el hermano menor le contara la verdad al mayor:

-¿Qué te sucede, hermanito? –un día le preguntó el rey Schahriar al ver que Schahzaman no se recuperaba.

-¡Ay, hermano, tengo en mi alma una llaga en carne viva! –contestó Schahzaman. Sin embargo, no le dijo nada sobre lo que le había ocurrido con su esposa.

Entonces el hermano mayor dijo:

-Acompáñame a cazar, hermano. Quiero verte feliz, por favor ven conmigo. ¡Será como en los viejos tiempos! ¡La cacería alegrará tu espíritu!

Pero el rey Schahzaman no quiso aceptar la invitación, y su hermano, el rey Schahriar, salió de cacería sin él.

LA SORPRESA DE SCHAHZAMAN

El pobre rey Schahzaman se quedó en el palacio pensando que era el hombre más infeliz del mundo. Pero una mañana, al asomarse por una ventana que daba al jardín, vio llegar a veinte esclavas y veinte esclavos acompañando a la hermosa esposa de su hermano.

Para su sorpresa, todos se desnudaron y poco después la reina, la esposa de su hermano, alzando los brazos gritó: -¡Oh, Massaud!

Casi inmediatamente un esclavo negro corrió hacia la reina y la abrazó con mucha fuerza. Ella también lo abrazó mientras que el negro la besó y la lanzó al suelo, donde ambos se amaron con pasión.

Al verlos, Schahzaman recordó la traición de su propia esposa y pensó: "¡Esto es mucho peor que lo que me sucedió a mí!"

Y desde aquel momento, Schahzaman volvió a comer y beber, recuperando pronto su salud.

El día que el hermano mayor finalmente regresó de cacería, notó que Schahzaman había recuperado su buen color y que su rostro parecía tener nueva vida. Asombrado por su transformación, le preguntó:

-¿Cómo estás, Schahzaman? Antes de marcharme te veías pálido y triste, ¡pero ahora te ves mejor que nunca! Cuéntame, hermano, ¿qué te sucedió?

-Ay, hermano, te diré por qué estaba triste –le dijo-, pero por favor ¡no me preguntes cómo me recuperé!

-Está bien, no te lo preguntaré. Pero por favor dime por qué estabas tan mal cuando llegaste.

Schahzaman miró a su hermano a los ojos y le dijo estas palabras:

-Querido hermano, cuando tú enviaste tu Visir a mi reino para invitarme a tu corte, hice todos los preparativos para mi marcha y en pocos días abandoné la ciudad. Sin embargo, unas horas después de marcharme, recordé que había olvidado algo en mi habitación y regresé a mi palacio para buscarlo. Para mi sorpresa, cuando entré a mi habitación encontré a mi mujer acostada con un esclavo negro. ¡Estaban revolcándose en cama así que los maté! Yo estaba muy atormentado por la traición de mi esposa, por eso yo estaba tan mal cuando llegué. Y ahora, por favor no me preguntes cómo me recuperé, no quiero mencionarlo.

Al escuchar estas palabras, el hermano mayor exclamó:

-¡Por Alah, hermanito! ¡Te ruego que me cuentes cómo lograste recuperarte! ¡Necesito saberlo!

Fueron tantos los ruegos que Schahzaman terminó contándole que una mañana, al asomarse por una ventana que daba al jardín, había visto a su esposa, la reina, deleitándose con un esclavo negro y que al verla su tristeza desapareció como por obra de magia.

El pobre rey Schahriar no podía creer lo que su hermanito le acababa de decir. Afligido por sus palabras le dijo que para poder creerle tendría que verlo con sus propios ojos.

-Tengo una idea—dijo el hermano menor -. Pretende que te vas de caza y, en vez de marcharte, escóndete secretamente en mi habitación. Eso te propongo, querido hermano. Así serás testigo de la verdad. ¡Y podrás comprobar si tu esposa te traiciona o no!"

Al rey Schahriar le pareció una buena idea y enseguida le dijo a su esposa que nuevamente necesitaba salir de viaje. El día siguiente salió de la ciudad y, en vez de seguir con los demás, regresó secretamente al palacio y se escondió en la habitación del hermano menor, según el plan.

Una vez oculto, el rey Schahriar se disfrazó y se asomó por la ventana que daba al jardín. Poco después, su esposa, la reina, llegó rodeada de esclavas y esclavos al jardín. Y para su sorpresa, la reina hizo lo mismo que había visto Schahzaman, juntándose abiertamente con el mismo negro.

Al ver lo que sucedía, el rey Schahriar se enfureció y le dijo a su hermano:

-¡Por Alah!¡No puedo creer lo que ven mis ojos! ¡Prefiero morir en vez de seguir viviendo bajo esta traición!

-La que debe morir es tu esposa, hermano, no tú... ¡Ella debe pagar con su vida por haber cometido tan abominable crimen!

Al rey Schahriar le pareció buena idea y enseguida mandó a degollar a su esposa junto con los esclavos y esclavas que ese día la acompañaban.

Después de la sangrienta ejecución, el rey Schahriar le

ordenó a su Visir que cada noche le llevara una joven virgen a su habitación. Y así, cada noche el rey le arrebataba la virginidad a una doncella diferente. Pero al amanecer, le ordenaba a sus hombres que la mataran y así sucedió todos los días durante varios años.

LA HIJA DEL VISIR

Una noche, tres años después, como de costumbre el rey Schahriar le pidió a su Visir que saliera a recorrer la ciudad en busca de otra virgen. Pero por más que lo intentó, el Visir no consiguió ninguna.

Al parecer, ya no quedaban vírgenes en aquella ciudad, ninguna excepto las dos hijas del Visir. Ambas eran muy bellas y exquisitamente delicadas. La mayor se llamaba Schehrazade o "Hija de la ciudad", mientras que la menor se llamaba Doniazada o "Hija del mundo".

Schehrazade era la más hermosa, además de una gran lectora. Conocía muy bien los libros y leyendas de los reyes antiguos y le gustaba contar las historias de los tiempos pasados. Se dice que ella poseía más de mil libros sobre las edades remotas, sus reinos y sus poetas. Y era tan elocuente que a todos les gustaba escuchar sus relatos.

Esa noche, cuando el Visir regresó a su casa sin haber cumplido su misión, Schehrazade notó que su padre estaba afligido y le preguntó:

-¿Por qué te ves tan triste, padre? ¡Parece como si cargaras un gran peso sobre tus hombros! No olvides lo que dice el sabio poeta: "¡Oh tú, que te apenas, consuélate! ¡Nada en este mundo es duradero! ¡Con el tiempo toda tus alegrías se desvanecen y todos tus pesares se olvidan!"

Al escuchar las palabras de su hija, el Visir decidió confesarle todo lo que había sucedido desde el día en que, por órdenes del rey, la pobre reina había sido ejecutada, sin omitir detalles...

Entonces Schehrazade le dijo:

-¡Por Alah, mi buen padre! ¡La solución es que me

case con el rey! De ese modo, si no me mata, salvaré a las demás jóvenes de nuestro reino.

-¡Por Alah, hija! -el Visir exclamó preocupado. ¡Yo no quiero que te expongas a semejante peligro!

-No te preocupes, padre, ¡no tengo miedo! —insistió Schehrazade abrazando al Visir y mirándolo a los ojos-. Por favor, regresa al palacio y organiza mi boda con el rey Schahriar cuanto antes. ¡Te lo ruego, padre mío! ¡Hazlo por Alah!

2-EL LIBRO DE LA SELVA

Rudyard Kipling

LAS COLINAS DE SEEONEE parecían un horno. Papá Lobo pasó todo el día durmiendo y al despertar se rascó, bostezó y estiró, una a una, sus cuatro patas. Mientras tanto, Mamá Loba siguió acostada, con su cabeza gris descansando sobre sus hijos, los lobatos, en señal de cariño y protección.

Afuera, la luz de la Luna brillaba en medio del vasto cielo.

Papá Lobo salió de la cueva y, al dar unos pasos, se sorprendió al ver algo moverse entre en la maleza.

—¡Mira! ¡Es un hombre! —exclamó Papá Lobo—. ¡Es un cachorro humano!

Frente a Papá Lobo, apoyado en una rama baja, había un niño de piel oscura que apenas podía mantenerse de pie. Era muy hermoso aunque muy flaco, tenía rasgos finos y andaba completamente desnudo… ¡Qué hermoso se veía!

Mama Loba asomó la cabeza y miró al niño. ¡Era la

primera vez que veía un cachorro humano! El niño los miró y se rió tranquilo, sin mostrar miedo alguno.

—¿Es un cachorro de hombre? —preguntó Mamá Loba con curiosidad, sin salir de la cueva—. ¡Nunca había visto uno! ¡Tráelo aquí!

Papa Lobo tomó al niño en su boca con mucho cuidado, sin hacerle daño, y lo llevo a de la cueva, colocándolo entre los lobatos.

EL NIÑO Y MAMÁ LOBA

—¡Es muy pequeño! —exclamó Mamá Loba con dulzura, mientras que el niño se acercó a ella buscando su calor—. ¡Mira! ¡Creo que tiene hambre! ¡Comerá con los demás!

—¡Qué extraño! —exclamó Padre Lobo—. Casi no tiene pelo y parece ser muy frágil… tanto que podríamos matarlo con una sola patada. ¡Y sin embargo no nos tiene miedo!

La luz de la Luna iluminaba el interior de la cueva con

debilidad mientras que Papá Lobo miraba al niño. Entonces preguntó con aire preocupado:

—Debemos informarle al resto de la manada. Todos deben saber que encontramos a este cachorro humano. Sobre todo si tú decides quedarte con él...

—¿Quedarme con él? —preguntó Mamá Loba—. Yo sólo sé que ahora debo cuidarlo. El pobre se ve muy indefenso y hambriento. ¡Y no nos tiene miedo! Míralo, se ve muy tranquilo al lado de nuestros hijos. ¡Parecen hermanos!

—¡Entonces nos quedaremos con él!

—¡Sí! Nos quedaremos con él y se llamará Mowgli –gran personaje– ¡será un gran cazador!

La Ley de la Selva es muy clara: Todos los cachorros, apenas puedan levantarse y caminar, deben ser presentados ante el Consejo. De ese modo los demás lobos de la manada pueden identificarlos y los lobatos pueden correr por donde quieran sin problemas.

Papá Lobo esperó varios días, hasta que los cachorros

crecieron un poco, y finalmente, cuando todos eran capaces de correr, los llevó con Mowgli y Mamá Loba a la Roca del Consejo. Era una cima rocosa, llena de guijarros. El espacio era tan amplio que todos podían reunir hasta cien lobos, todos bien protegidos.

Acostado sobre su piedra de presidente estaba Akela, el Lobo Gris, muy grande y solitario, Era el jefe de la manada y también el más fuerte y hábil. A su alrededor estaban los cuarenta lobos más fuertes del lugar.

El Lobo Solitario era el jefe de todos desde hacía un año. Era toda una leyenda. Siendo joven había caído dos veces en trampas humanas y en otra ocasión fue golpeado hasta ser dado por muerto. Conocía muy bien a los hombres.

MOWGLI ANTE EL CONSEJO

Se habló poco ese día. Al final de la reunión, Papá Lobo empujó a sus cachorros, uno a uno, hacia el centro del claro, frente a todos. Por último empujó a Mowgli. El cachorro humano se sentó y sonrió al mismo tiempo que jugaba despreocupado con algunos guijarros que brillaban a la luz de la Luna.

En ese momento se escuchó un rugido que vino desde las rocas. Era el tigre Shere Khan, quien gritaba:

—¡El cachorro humano es mío! ¡Él nada tiene que ver con el Pueblo Libre de los lobos!

El jefe lobo Akela no se movió y habló a todo:

—Miren bien, hermanos lobos. ¿Tiene algo que ver el Pueblo Libre con lo que dice alguien que no pertenece a él? Observen bien.

Un coro de gruñidos se escuchó con claridad.

Un lobo repitió lo que dijo el tigre Shere Khan y le preguntó a Akela:

—¿Pero qué tiene que ver la criatura humana con el Pueblo Libre de los lobos?

La Ley de la Selva dice que cuando existen dudas sobre la admisión de un lobo en la manada, un mínimo de dos lobos que no sean sus padres deben defenderlo frente a todos.

EN DEFENSA DE MOWGLI

—¿Quién defiende los derechos de este cachorro? —preguntó el jefe Akela—. ¿Cuál de los miembros del Pueblo Libre hablará en su favor?

El único animal de otra especie con permiso de participar en el Consejo de la manada era el oso. Su trabajo era enseñarle a los lobatos la Ley de la Selva, como lo hacía Baloo, un viejo oso que vivía en aquella parte de la selva y que sólo comía nueces, raíces y miel. Para nadie era un problema.

El oso Baloo, al ver que nadie defendía al pequeño humano, se levantó sobre sus patas traseras y dijo:

—¿El cachorro humano? ¡Yo hablo en su favor! ¿Qué mal puede hacernos? Yo no soy un brillante orador, pero pienso que debe pertenecer a la manada. ¡Yo le daré la educación que él necesita!

–Hace falta que ahora hable otro —dijo Akela—. Ya

habló Baloo, el maestro de nuestros lobatos. ¿Quién tomará la palabra?

En ese momento se deslizó hacia el centro del círculo una sombra. Era Bagheera, la pantera negra, tan negra como la tinta desde la cola hasta la cabeza. La luz se reflejaba en su brillante piel y todos la conocían. Era temida y respetada. Su voz era dulce como la miel y su piel más suave que las plumas.

Akela —dijo susurrando—, y todos los miembros del Pueblo Libre. Sé que no tengo ni voz ni voto en esta asamblea, pero quiero recordarles que hay una Ley en la Selva que otorga la posibilidad de comprar un cachorro por un precio justo, excepto cuando el cachorro sea merecedor de la pena de muerte. Pero nada dice la Ley sobre quién puede comprarlo. ¿Es cierta mi interpretación de la Ley?

—Es cierta —dijeron varios lobos jóvenes—.Puedes ponerle un precio al cachorro, Bagheera. Es lo que dice la Ley.

—Baloo ya habló en su defensa. Yo les ofrezco un

toro, un gran animal que acabo de matar cerca de aquí. El toro a cambio del cachorro de hombre, según la Ley. ¿Están de acuerdo?

Todos los lobos comenzaron a hablar entre sí.

—No hay problema —dijo Akela, el Lobo Gris—. De todos modos, el cachorro humano morirá cuando lleguen las lluvias. Y si logra sobrevivir el invierno, lo abrasarán los rayos del sol durante el verano. Así que no será problema para la manada. ¡A partir de hoy será uno más entre nosotros! Bagheera, ¿dónde está el toro? ¡Aceptamos tu propuesta!

PASARON LOS AÑOS...

Mowgli creció junto a los lobatos, aunque su ritmo de crecimiento fue muy diferente: los lobatos eran ya adultos cuando él todavía estaba en la primera infancia.

Papá Lobo, con infinita paciencia, le enseñó el significado de todo lo que le rodeaba en la Selva: un mínimo crujido bajo la hierba, un soplo de aire en la tibia noche, el aullido del búho sobre su cabeza, los distintos ruidos de los murciélagos cuando se detienen a descansar, el débil chapoteo de un pez al saltar en una balsa.

Todo tenía un significado para Mowgli...

Dormía, comía y volvía a dormir. Si le molestaba el calor o si su cuerpo le pedía limpieza, se iba a nadar en las lagunas cercanas. Si le apetecía comer miel -había aprendido de Baloo que lo más delicioso del mundo, tanto como la carne cruda, son las nueces con miel- entonces trepaba a los árboles para buscarla...

3-DAVID COPPERFIELD

Charles Dickens

ESTAS PÁGINAS DIRÁN si yo soy el héroe de mi propia vida o si otra persona ocupar ese lugar. Mientras tanto, comenzaré contando mi historia desde el principio:

Nací (según me han dicho y eso creo) un viernes a las doce en punto de la noche. Curiosamente, el reloj sonó justo cuando lloré por primera vez. Tomando en cuenta el día y la hora de mi nacimiento, la enfermera y algunas comadronas del barrio (ellas se interesaron en mí incluso antes de conocerme) le dijeron a mi madre dijeron lo siguiente: Primero, que yo estaba predestinado a ser desgraciado en esta vida. Y segundo, que tendría el don de ver a los fantasmas y los espíritus. Ellas decían que ese don era inevitablemente otorgado a todo niño o niña con la desgracia de nacer un viernes a medianoche.

No hablaré sobre la primera predicción, pues este relato demostrará si es cierta o falsa. Con respecto a la segunda predicción, sólo puedo decir que no tuve ese don durante mi primera infancia ¡y que todavía lo estoy esperando! Pero no me quejo por haber sido defraudado, y si alguien recibió mi don por equivocación, le agradecería que no me lo regrese…

Nací en Bloonderstone, en Sooffolk, o «por ahí», como dicen en Escocia. Nací huérfano porque mi padre cerró sus ojos para siempre seis meses antes de que yo abrieran los míos por primera vez. Todavía me parece extraño que nunca me llegó a ver. Y más extraños es mi recuerdos de mi primera visita a su tumba, cuando yo era niño y vi su lápida blanca en el cementerio…

La fortuna más grande de nuestra familia era de una vieja tía de mi padre y, por ende, tía abuela mía, de quien hablaré más adelante: miss Trotwood, o miss Betsey, como mi pobre madre solía llamarla las pocas veces que se atrevía a nombrarla (muy rara vez).

Mi tía se había casado con un caballero más joven que ella y muy elegante, aunque se sospechaba que a veces le pegaba a su mujer. Llegó a decirse que un día, cuando discutían por cuestiones económicas, él estuvo a punto de lanzarla por la ventana de un segundo piso. Estas diferencias llevaron a miss Betsey a darle dinero para que se marchara y acordara una "separación amistosa". Él se marchó a la India con su dinero, y allí, según una leyenda de familia, lo vieron montado sobre un elefante y acompañado de un mandril…

Diez años después, desde la India llegó la noticia de su muerte. Pero nadie sabe cómo reaccionó mi tía. Poco después de su separación, ella había vuelto a adoptar su nombre de soltera y también se había mudado a una casa solitaria en la costa con su criada, donde vivía como una solterona, encerrada y en estricta soledad.

Según creo, mi padre siempre fue el sobrino favorito de miss Betsey; aunque ella se ofendió mortalmente cuando él se casó con mi madre. Ella dijo que mi madre sólo era «una muñeca», aunque no la había visto nunca, porque tenía menos de veinte años y era demasiado joven para él. Desde entonces, no quiso volver a ver a mi padre. Claro, mi padre tenía el doble de la edad de mi madre cuando se casaron y tenía una salud muy delicada.

Un año después de su boda, y, como dije, seis meses

antes de mi nacimiento, él falleció. Así estaban las cosas la tarde de aquel viernes memorable (discúlpenme por llamarlo así).

Esa tarde, escasas horas antes de mi nacimiento, mi madre estaba sentada junto a la chimenea, mal de salud y muy cansada. Ella miraba el fuego a través de sus lágrimas, pensando con tristeza en su propia vida y en el huerfanito que pronto nacería, a quien le esperaba un mundo triste y algunas profecías alfileres preparados en el cajón de una cómoda del primer piso.

Mi madre, repito, estaba sentada al lado del fuego. Era una tarde clara y fría de marzo, y ella estaba muy triste y deprimida, temerosa de no salir con vida de la prueba que le esperaba. Entonces, al levantar su mirada para secar sus lágrimas, vio por la ventana a una señora desconocida entrando al jardín.

Al verla bien, mi madre supo que aquella señora era miss Betsey. Los rayos del sol poniente la iluminaban mientras caminaba con paso firme y decidido. ¡Mi madre sabía que era ella!

La desconocida cruzó el jardín, y en vez de tocar la puerta, se asomó por la ventana. Mi madre se asustó tanto que yo siempre he pensado que por culpa de miss Betsey nací un viernes. Ella se levantó de su asiento y corriendo se ocultó en un rincón de la sala, detrás de una silla.

Miss Betsey recorrió lentamente la habitación con su mirada, examinando bien el lugar. Ella pronto vio a mi madre y entonces, arqueando las cejas, le hizo señas para que saliera a abrir la puerta. Mi madre obedeció.

-¿La viuda de David Copperfield, supongo? —le dijo miss Betsey enfatizando la última palabra para hacerle comprender que lo suponía al verla de luto y en aquel estado.

-Sí, señora -respondió mi madre débilmente.

-¿Usted ha oído hablar de Miss Trotwood, supongo? —le preguntó la desconocida.

Mi madre contestó que había tenido ese gusto, aunque

por lo visto el gusto no parecía ser muy grande.

-¡Pues aquí la tiene usted! -le dijo miss Betsey, orgullosa.

Mi madre, inclinando su cabeza, le rogó que entrara a la casa y así hicieron. Miss Betsey guardaba silencio mientras se sentaron en la sala, y mi madre, después de vanos esfuerzos para contenerse, estalló en llanto.

-¡Vamos, vamos! -dijo mi tía de prisa-. ¡Nada de llorar! ¡Venga, venga!

Mi madre siguió llorando hasta quedarse sin lágrimas.

-Vamos, niña, quítate el sombrero -dijo miss Betsey-, que quiero verte bien.

Mi madre no quería hacerlo, pero estaba demasiado asustada para negarse al extravagante pedido. Temblando, hizo lo que le pedía aquella mujer, soltando sus cabellos (abundantes y magníficos).

-Pero, ¡Dios mío! -exclamó miss Betsey-. ¡Eres una

niña!

Indudablemente, mi madre todavía parecía más joven de lo que realmente era. La pobre bajó su cabeza como si fuera culpa suya y murmuró entre sus lágrimas que lo que temía ser demasiado niña para verse ya viuda y madre, si es que todavía vivía.

Mi madre hizo una pausa y le pareció sentir que miss Betsey acariciaba sus cabellos con dulzura; pero, al levantar la cabeza, vio que seguía sentada frente a la estufa, con las manos cruzadas sobre las rodillas.

-Bueno, ¿y cuándo espera usted? -preguntó miss Betsey-. ¿Cómo llamas a la chica?

-Todavía no sé si será una niña -le contestó mi madre con inocencia.

-¡Dios bendiga a esta criatura! -exclamó mi tía-. ¡Yo me refiero a tu criada!

-Se llama Peggotty, así se apellida -dijo mi madre en baja voz.

-¡Peggotty! ¡Ven! -gritó miss Betsey- ¡Ven y trae té!

Mientras esperaban mi tía le dijo a mi madre:

-Tengo el presentimiento de que será una niña. Ya sabes, hija mía, cuando nazca esa niña...

-Quizá sea un niño -la interrumpió mi madre.

-¡Presiento que será una niña! -insistió miss Betsey-. ¡No me contradigas! Como te decía, cuando nazca esa niña quiero que cuentes conmigo como tu amiga. Quiero ser su madrina y por favor llámala Betsey Trotwood Copperfield. En la vida de Betsey Trotwood no habrá errores. Nadie se burlará de los afectos de la pobre niña. La educaremos muy bien, evitando que deposite su confianza en quien no lo merezca. ¡Yo cuidaré de ello!

Mi madre observaba con temor a mi tía bajo el débil resplandor del fuego de la chimenea, asustada y confundida, sin saber qué decir.

-Y David, ¿fue bueno con usted, hija mía? -le preguntó

miss Betsey después de un rato de silencio-. ¿Eran felices?

-Éramos muy felices -dijo mi madre con tristeza-. ¡El señor Copperfield siempre fue muy bueno conmigo!

-¿Dígame, joven, usted sabe trabajar en algo? —le preguntó mi tía,

-No sé ... señora -balbució mi madre.

-¿Sabe gobernar una casa, por ejemplo? -preguntó miss Betsey.

-No mucho, me temo -respondió mi madre-. Mucho menos de lo que desearía. Pero el señor Copperfield me estaba enseñando... Yo llevaba el libro de cuentas, y todas las noches hacíamos el balance juntos...

-Bien, bien -murmuró mi tía -No llores más. David tenía una renta anual considerable, lo sé. ¿Puede decirme si al morir le dejó algo?

-Él dejó parte de su renta a mi nombre.

-¿Cuánto? —le preguntó miss Betsey.

-Ciento cincuenta libras al año -respondió mi madre.

-¡Pudo ser peor! -exclamó mi tía.

Sus palabras eran muy apropiadas para el momento, pues mi madre se sentía tan mal que Peggotty, quien en ese momento entraba con el té, al verla la ayudó apresuradamente a su habitación en el piso de arriba y envió a su sobrino Ham Peggotty a buscar al médico y a la comadrona.

El doctor Chillip llegó poco después y, después de ver a mi madre, pensando sin duda que había que esperar varias horas antes del parto, se sentó frente al fuego, cerca de mi tía. La estuvo contemplando tímidamente, mientras ella miraba el fuego, hasta que lo volvieron a llamar al dormitorio de mi madre y regresó después de un cuarto de hora de ausencia.

-¿Y bien? -le preguntó mi tía al doctor Chillip.

-Todo está bien, señora -respondió el doctor-. Vamos.... vamos... avanzando... despacio, señora.

-¡Bah!, ¡bah!, ¡bah! -exclamó mi tía, interrumpiéndole con desprecio.

Al doctor Chillip le molestó tanto la actitud de mi tía que en ese momento se levantó de su asiento y prefirió ir a sentarse solo en la oscuridad de la escalera hasta que lo llamaron de nuevo. Poco después bajó con la buena noticia.

-Y bien, señora; soy muy feliz de poder felicitarla. Puede tranquilizarse, Todo ha terminado, señora, todo ha terminado...

-Y ella ¿cómo está? –preguntó ella.

-Está bien, señora, espero que pronto se recupere -respondió el doctor Chillip-. No hay inconveniente en que usted la vea, señora; puede que le haga bien.

-¡Me refiero a la niña! ¿Está bien?

Míster Chillip inclinó la cabeza a un lado y miró a mi

tía como un pajarillo asustado sin decir una palabra.

-Señora -dijo él-, yo creía que usted ya lo sabía: es un niño.

Mi tía, sin decir nada, se levantó y se marchó para siempre. Se desvaneció como un hada descontenta, y nunca más regresó.

Yo estaba en mi cuna; mi madre en su lecho, y Betsey Trotwood Copperfield había vuelto para siempre a la región de sueños y sombras, a la terrible región de donde yo acababa de llegar. Y la luna que entraba por la ventana de la habitación se reflejaba sobre la morada terrestre de todos los que nacían y también sobre la sepultura en que reposaban los restos mortales de mi padre y sin el cual yo nunca hubiera existido.

VIEJOS RECUERDOS

Cuando recuerdo mi infancia, lo primero que me viene a la mente es mi madre, con sus largos cabellos y su aspecto juvenil… Yo creo que la memoria de la mayor parte de los hombres puede conservar una impresión de la infancia más amplia de lo que generalmente se supone. También creo que la capacidad de observación está exageradamente desarrollada en muchos niños y que además es muy exacta. Si alguien piensa que en esta narración me presento como un niño de observación aguda, o como un hombre que conserva un intenso recuerdo de su infancia, puede estar seguro de que tengo derecho a ambas características.

Como iba diciendo, al recordar mis años infantiles, lo primero que recuerdo, es a mi madre... También recuerdo a la señorita Peggotty y la fachada de nuestra casa, con las ventanas de los dormitorios abiertas, y los viejos nidos de cuervos en lo alto de los árboles.

Una noche estábamos la señorita Peggotty y yo solos junto al fuego. Yo había estado leyéndole a Peggotty un libro sobre de los cocodrilos; pero debí de leer muy mal o a aquella pobre mujer le interesaba muy poco el tema. Entonces le hice una pregunta:

-Dime, señorita Peggotty, ¿tú has estado casada alguna

vez?

-¡Dios mío, Davy! -exclamó ella-. ¿Cómo se te ocurre pensar en eso?

-Entonces, ¿nunca has estado casada? -le pregunté otra vez-. Tú eres una mujer muy guapa, ¿no?

-¿Yo guapa, Davy? -contestó la señorita Peggotty-. ¡No! ¡Por Dios, querido! Pero ¿quién te ha metido en la cabeza esas cosas?

-No lo sé. ¿Una persona no puede casarse con más de una persona a la vez, verdad, Peggotty?

-¡Claro que no! -dijo la señorita Peggotty rotundamente.

-Y si uno se casa con una persona y esa persona se muere, ¿entonces sí puede uno casarse con otra? ¡Dime, señorita Peggotty!

-Sí puede, pero solamente si uno quiere y si uno tiene la oportunidad, cariño; eso es cuestión de gustos -dijo ella.

-Pero ¿cuál es tu opinión, señorita Peggotty?

Yo le preguntaba y la miraba con atención, porque me daba cuenta de que ella me observaba con una enorme curiosidad.

-Mi opinión —dijo ella, dejando de mirarme para ponerse a coser después de un momento de vacilación-, ¡es que yo nunca he estado casada, ni pienso estarlo, Davy! ¡Eso es todo lo que sé sobre el asunto! ¡Y no me preguntes más!

4-DE LA TIERRA A LA LUNA

Julio Verne

DURANTE LA GUERRA CIVIL de los Estados Unidos, un nuevo club fue creado en Baltimore, ciudad del Estado de Maryland: el Club del Cañón. Un mes después de su fundación, ya tenía 1.833 miembros regulares y 30.575 corresponsales en todo el país.

Para pertenecer a esta sociedad, la condición *sine qua non* era haber inventado o al menos perfeccionado un cañón o al menos un arma de fuego. Entre sus miembros había oficiales de todos los rangos, subtenientes y generales, y militares de todas las edades, algunos nuevos en la carrera de las armas y muchos viejos veteranos. Pero un día, para sorpresa de todos, el Norte y el Sur firmaron la Paz y entonces callaron los disparos y cesaron los cañonazos...

Al llegar la paz, muchas personas creyeron que el Club del Cañón muy pronto cerraría sus puertas. Sin embargo, numerosos miembros todavía soñaban con dedicar los últimos años de sus vidas al perfeccionamiento de las armas de fuego y esperaban que pronto comenzara una nueva guerra para así poder ensayar el alcance de nuevas armas y proyectiles…

UN ANUNCIO SORPRENDENTE

Este era el panorama cuando el presidente del Club del Cañón, Impey Barbicane, se reunió con todos los miembros en el Gran Salón.

Barbicane era un hombre de unos cuarenta años, tranquilo, aventurero y de sangre fría. Había amasado una fortuna comerciando con madera y había sido Director de Artillería durante la Guerra Civil.

Cuando el reloj del Gran Salón marcó las ocho de la noche, Barbicane comenzó a hablar:

-Estimados colegas: ha pasado mucho tiempo desde que llegó la paz y los miembros del Club del Cañón fuimos condenados a una lamentable ociosidad. Y parece que pasarán muchos años antes de que nuestros cañones regresen al campo de batalla… Por eso he buscado, trabajado, calculado, y preparado un gran proyecto para nosotros, un proyecto digno de todos ustedes, un proyecto que causará una gran explosión en el mundo.

-¿Una gran explosión? -preguntó uno de los presentes.

-¡Será la explosión más grande que hayan visto! -exclamó Barbicane mientras que todos los presentes comenzaron a hablar entre sí.

-¡Por favor, señores, no interrumpan al presidente! -protestaron algunos.

-Les pido su atención -dijo Barbicane-. Todos nosotros conocemos la Luna, aunque ninguno la ha visitado. Sin embargo, si ustedes deciden apoyarme, ¡yo los conduciré a su conquista! Conocemos su masa, su densidad, su peso, su volumen, su constitución, sus movimientos y su distancia. En pocas palabras, sabemos muchas cosas sobre la Luna. Pero hasta ahora, como dije, ¡nadie la ha visitado! Sabemos que la fuerza de resistencia de los cañones y el poder expansivo de la pólvora son ilimitados. Basado en este principio, me pregunto si un gran cañón podría enviar una bala a la Luna…

Un grito de asombro llenó el gran salón, salido de mil pechos ansiosos y luego hubo un momento de silencio, parecido a la profunda calma que siempre aparece antes de las grandes tormentas.

En efecto, hubo una tronada de aplausos, de gritos, de clamores que hicieron temblar el gran salón. El presidente intentó hablar pero no pudo… ¡sólo consiguió hacerlo cuando los aplausos cesaron, diez minutos después!

-¡Por favor, caballeros, déjenme continuar! -exclamó Barbicane-. Ya examiné la cuestión con cuidado y mis cálculos indican que todo proyectil dirigido a la Luna y dotado de una velocidad inicial de doce mil yardas por segundo, necesariamente alcanzará su superficie. Por eso, ¡les propongo que intentemos este pequeño experimento!

UNA NOTICIA EXPLOSIVA

Al día siguiente, la noticia salió publicada en mil quinientos periódicos de todo el país, examinando el proyecto bajo diferentes aspectos físicos, meteorológicos, económicos y morales, incluyendo su influencia política y civilizadora. Algunos se preguntaron si la Luna era un mundo muerto o si en ella vivían seres vivos, al igual que en la Tierra… ¡No hubo un solo periódico que pusiera en duda la posibilidad del proyecto!

Las colecciones, los folletos, las gacetas, los boletines publicados por las sociedades científicas, literarias y religiosas resaltaron las ventajas del proyecto, y la Sociedad de Historia Natural de Boston, la Sociedad Americana de Ciencias y Artes de Albany, la Sociedad de Geografía y Estadística de Nueva York, la Sociedad Filosófica Americana de Filadelfia, el Instituto Smithsonian de Washington, enviaron mil cartas de felicitaciones al Club, ofreciendo su apoyo y su dinero.

De acuerdo con los cálculos del Observatorio de Cambridge, en Massachusetts, para poder enviar un proyectil a la Luna, el proyectil necesitaría una velocidad inicial de doce mil yardas por segundo. Y como esta velocidad inicial iría continuamente disminuyendo, el proyectil tardaría aproximadamente cuatro días en llegar a la Luna.

Todos los ciudadanos de la Unión se dedicaron a estudiar nuestro satélite. La luna se puso de moda, era el alma de todas las conversaciones, tomando un puesto preferencial entre los demás astros.

COMIENZAN LOS PREPARATIVOS

Sin perder tiempo, el presidente Barbicane nombró una comisión ejecutiva para estudiar la preparación del cañón, el proyectil y la pólvora que serían necesarios para poder realizar el proyecto.

Decidieron que el proyectil sería de aluminio y tendría nueve pies de diámetro, con paredes suficientemente fuertes para contrarrestar la presión del viaje. Barbicane propuso que el proyectil fuera redondo y así quedó aprobado.

Se necesitaba un cañón de gran calibre, puesto que la longitud de la pieza aumentará la presión de los gases acumulados debajo del proyectil, pero es inútil pasar de ciertos límites. Barbicane propuso que el cañón fuera de novecientos pies de largo, con paredes de al menos seis pies de grosor, hecho de hierro fundido, con un diámetro interior o calibre de 9 pies.

Dadas la magnitud del proyectil y la longitud del cañón, calcularon la cantidad de pólvora necesaria para producir la impulsión capaz de enviar a la Luna un proyectil de veinte mil libras, dándole una fuerza inicial de doce mil yardas por segundo. También decidieron que el lugar del lanzamiento sería Tampa, Florida, la única población que por su situación merecía tenerse en cuenta.

Resueltas las dificultades astronómicas, mecánicas y topográficas, estudiaron la cuestión económica. El mundo científico en general recibió el proyecto con el mayor entusiasmo y pocos días después sus delegados recaudados cuatro millones de dólares, con los cuales el Club del Cañón finalmente se iniciaron los trabajos.

EL MISTERIOSO FRANCÉS

Barbicane y sus colegas tardaron casi un año en prepararlo todo. Usaron mil doscientos hornos para derretir 68.000 toneladas de hierro y fundir el enorme cañón.

Incontables curiosos llegaron a Florida de todos los rincones de los Estados Unidos, llegaron a Florida. La ciudad de Tampa creció de manera prodigiosa y en menos de un año, aparecieron nuevas casas, nuevas plazas, nuevas iglesias, nuevas escuelas, nuevo caminos. A la bahía llegaban embarcaciones de todas clases, cargados de materiales, trabajadores, víveres, provisiones y mercancías.

A bordo de uno de los buques, El vapor *Atlanta*, de Liverpool, llegó un curioso extranjero que cambiaría la historia para siempre: el francés Michel Ardan.

Era un hombre alto, de poco más de cuarenta años, de anchas espaldas y una cabeza de león coronada con una melena roja. Llevaba unos bigotes erizados y mechones de pelos amarillentos salpicaban sus mejillas, acentuando su aspecto felino. Pero lo más sorprendente era que estaba dispuesto a invertir una enorme fortuna en el proyecto bajo una sola condición: ¡Quería viajar en el interior del proyectil y de ese modo convertirse en el primer hombre en llegar a la Luna!

5-LA ISLA DEL TESORO

Robert Louis Stevenson

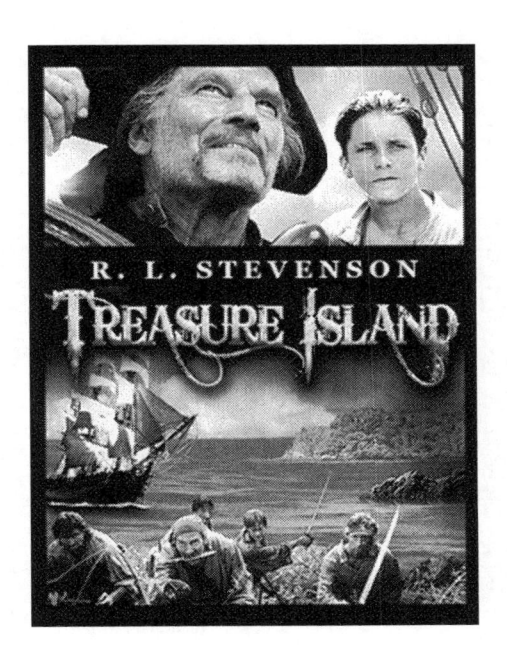

HACE MUCHOS AÑOS, cuando mi padre todavía era dueño de la hostería «Almirante Benbow», fuimos visitados por un viejo navegante con el rostro cruzado por un sablazo. Nos dijo que buscaba una habitación y deseaba alojarse unos días bajo nuestro techo.

¡Lo recuerdo como si fuera ayer! Llegó a la puerta de la posada meciéndose como un barco y arrastrando un cofre marino. Era un viejo fuerte, macizo, alto, con el color de bronce que el mar deja en la piel. Llevaba una casaca que alguna vez había sido azul y tenía las manos agrietadas y llenas de cicatrices, con las uñas negras y rotas.

Miró el lugar y soltó un silbido antes de cantar aquella antigua canción marinera que tantas veces escuché durante los siguientes días:

«En el cofre del muerto quince hombres hay...

¡Ja! ¡Ja! ¡Ja! ¡Y una botella de ron!»

Al entrar a la posada, el viejo golpeó la puerta con un

palo, una especie de bastón en que se apoyaba al caminar. Apenas llegó mi padre, pidió un vaso de ron. Y cuando mi padre se lo sirvió, lo bebió despacio, como hacen los catadores, chascando la lengua y sin dejar de mirar a su alrededor.

-Es una buena cosecha –dijo el viejo-, y éste parece ser un buen lugar. ¿Viene mucha gente por aquí, eh, compañero?

Mi padre le dijo que no, que por desgracia teníamos pocos huéspedes.

-Muy bien –le dijo a mi padre-, me quedaré aquí unos días. Soy un hombre simple, no pido mucho: Sólo necesito ron; tocino y huevos, eso es todo. ¿Que cuál es mi nombre? Llámeme capitán. Y, ¡ah!, se me olvidaba, perdona, camarada... –dijo arrojando tres o cuatro monedas de oro sobre la barra-. Por favor avísame cuando me haya comido todo este dinero...

Aquel viajero no parecía ser un simple marinero, sino

todo un capitán. Evidentemente, estaba acostumbrado mandar y a castigar a quienes no le obedecían.

Alguien me informó que aquella mañana el marino había llegado a nuestro pueblo a bordo de un carruaje y que había preguntado cuáles eran las hosterías ubicadas a lo largo de la costa. Supongo que alguien le dio buenas referencias de nuestra posada, a pesar de que estar un lugar muy solitario. Pero creo que por eso, justamente, decidió quedarse con nosotros.

Era un hombre callado y solitario. Durante el día vagaba por la costa con un catalejo de latón bajo el brazo y pasaba las noches sentado en un rincón junto al fuego, bebiendo el ron más fuerte de la casa con un poco de agua. Casi nunca contestaba cuando alguien le hablaba; sólo movía la cabeza y resoplaba, así que pronto aprendimos a dejarlo en paz.

Todos los días, al regresar de sus largas caminatas, preguntaba si algún marinero había pasado por la posada. Al principio pensamos que echaba de menos la compañía de otros marinos, pero luego supimos que, por el contrario, quería evitarlos.

Si algún marinero entraba en la «Almirante Benbow» (como de tiempo en tiempo hacían los que viajaban a Bristol por la carretera de la costa), él pasaba a la cocina y lo espiaba entre las cortinas de la puerta. En presencia de los forasteros siempre estaba tan callado como un muerto.

Un día me llevó aparte y prometió darme cuatro peniques de plata cada primero de mes si «tenía el ojo avizor para informarle de la llegada de un marino con una sola pierna». Cada vez que me pagó me repitió la orden de estar alerta ante la llegada «del marino con una sola pierna».

¡Tuve terribles pesadillas sobre aquel misterioso mutilado! Se me aparecía en sueños con mil formas diferentes y expresiones diabólicas. Unas veces con su pierna cortada por la rodilla; otras, por la cadera. A veces era un ser monstruoso de una única pierna que le nacía del centro del tórax. Yo lo veía, en mis peores pesadillas, corriendo y persiguiéndome saltando cercas y zanjas. Pensándolo bien, ¡qué caro pagué mis cuatro peniques por culpa de tan espantosas visiones!

Las noches en que el viejo bebía más ron de lo que su cabeza podía soportar, cantaba sus viejas canciones del mar, vulgares y salvajes, ignorando a todos los que lo rodeábamos. A veces pedía una ronda de tragos para todos y obligaba a los atemorizados clientes a escuchar, llenos de pánico, sus historias y a corear sus canciones.

Muchas veces sentí estremecerse la casa con su «Ja, ja, ja! ¡Y una botella de ron!», a la que todos los presentes acompañaban por temor a despertar su ira.

Contaba terroríficos relatos donde desfilaban ahorcados, condenados que "pasaban por la plancha", tempestades de alta mar, leyendas de la Isla de la Tortuga y otros siniestros lugares de la América Española.

Según confesó muchas veces, había pasado su vida entre la gente más despiadada que Dios lanzó a los mares. Y el vocabulario con que se refería a ellos en sus relatos escandalizaba a nuestra sencilla clientela, igual que los crímenes que describía.

Mi padre aseguraba que aquel hombre sería la ruina de nuestra posada y que pronto la gente se cansaría de sufrir humillaciones y terminar la noche sobrecogidos de pavor. Pero para mí, su presencia fue de gran provecho…

JOHN «LARGO»" SILVER

Un día, después de descansar, me pidieron que llevara una carta dirigida a John Silver a la taberna «El Catalejo», la cual estaba al final de los muelles y cuyo aviso era un enorme catalejo de latón.

Me alegró mucho ver los muelles y los barcos anclados, junto con el corre-corre de los marineros; pues en ese momento había una gran actividad.

Caminé entre la gente y pronto encontré la taberna que buscaba. Era un establecimiento pequeño, pero agradable. Sus paredes estaban recién pintadas, sus ventanas mostraban hermosas cortinas rojas y el piso se veía limpio. La taberna estaba entre dos calles bien iluminadas.

Desde afuera pude ver que el lugar estaba lleno de gente y de humo de tabaco. Me detuve en la entrada, temeroso de pasar. Casi todos parecían gente de mar y había un gran bullicio porque todos hablaban a la vez. En ese momento vi a un hombre salir de una habitación lateral, y apenas lo vi supe que era el mismo John «Largo». Su pierna izquierda estaba amputada casi por la cadera y bajo un brazo llevaba una muleta que movía a las mil maravillas, saltando de aquí para allá como un pájaro.

Silver era un hombre muy alto y fuerte; su cara parecía un jamón, y, a pesar de su palidez y cierta fealdad, tenía un extraño aire agradable. Pude ver que él estaba de buen humor, pues no dejaba de silbar mientras iba de una mesa a otra hablando feliz con los clientes y dándole palmadas en la espalda a algunos.

La primera vez que oí hablar de John «Largo» temí que fuera el marinero con una sola pierna que tantas pesadillas me había causado. Pero apenas lo vi descarté mis sospechas...

Cuando entré a la taberna, Silver estaba apoyado en su muleta, charlando con un cliente. Dando unos largos pasos, enseguida me acerqué a él.

-¿Es usted John Silver? -le pregunté, mostrándole la carta.

-Sí, hijo —me contestó-; así me llamo. ¿Quién eres tú?

Al ver la carta hubo un cambio en su rostro.

-¡Ah, sí! —exclamó elevando su voz mientras estrechó mi mano con la suya, grande y fuerte.-, ¿Eres nuestro nuevo cocinero? ¡Me alegra conocerte!

Silver resultó ser un hombre fascinante.

Me contó varias historias sobre sus aventuras del mar, historias de barcos y marineros, también me enseñó varios refranes, que me hizo repetir hasta aprenderlos de memoria. Yo no tenía la menor duda: ¡ John «Largo»

Silver era todo un "lobo de mar"!

6-EL ORIGEN DE LAS ESPECIES

Charles Darwin

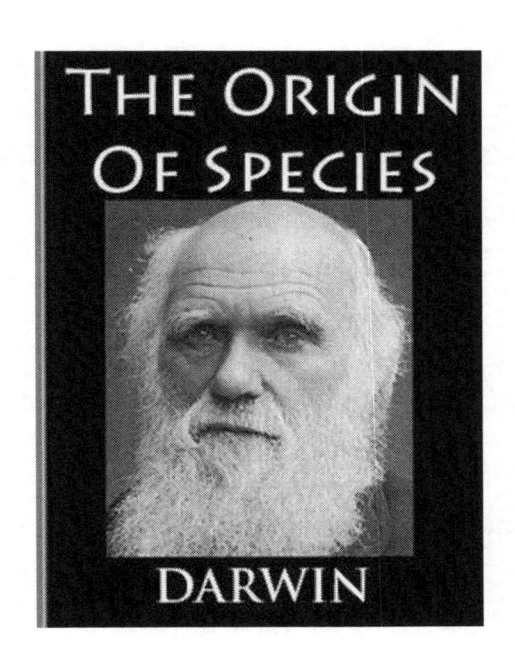

VIAJÁBAMOS A BORDO DEL *BEAGLE*, buque de guerra inglés, en calidad de naturalistas, cuando nos impresionaron mucho ciertos hechos en la distribución de los seres vivos de América del Sur… Hechos que parecían arrojar luz sobre el origen de las especies…

Estos hechos me hicieron pensar que todo ser que durante el tiempo natural de su vida produce varios huevos o semillas, también necesita sufrir de su destrucción durante algún período de su vida. Y aunque en el presente algunas especies aumentan en número con mayor o menor rapidez, todas no pueden hacerlo del mismo modo porque no cabrían en el planeta.

Esta regla no tiene excepción, incluyendo el hombre, que es lento para reproducirse y se duplica cada veinticinco años. En esta proporción, en menos de mil años su descendencia no cabrá en nuestro mundo.

Al mirar la naturaleza es necesario recordar que cada ser orgánico lucha con todas sus fuerzas para aumentar su número. Y que cada uno logra sobrevivir a la lucha en algún momento de su vida.

La cantidad de alimento para cada especie determina naturalmente el límite de su crecimiento. Pero con mucha frecuencia la cantidad de alimento que pueda obtener no determina el número de una especie sino también el hecho de que sirva o no de presa de otros animales.

El clima también desempeña también un papel importante en la determinación del número de una especie. Su acción obra principalmente reduciendo el alimento. Esto causa una lucha severa entre los individuos, tanto de la misma como de diferentes especies que usan la misma alimentación.

No podemos dudar que los individuos que tengan alguna ventaja sobre los demás, por pequeña que sea, tendrán las mayores probabilidades de sobrevivir y de reproducir su especie.

La selección natural puede modificar la larva de un insecto y adaptarla a una porción de contingencias completamente distintas de las que conciernen al insecto ya maduro, y estas modificaciones pueden afectar por correlación la estructura del adulto. Así también, por el contrario, las modificaciones de este pueden afectar la estructura de la larva. Pero en todos los casos, la selección natural asegurará que dichas modificaciones no sean en manera alguna nocivas, ya que si lo fueran la especie se extinguiría.

Generalmente, los machos más vigorosos o aquellos que están mejor preparados para ocupar sus puestos en la naturaleza dejarán mayor descendencia. Pero en muchos casos, la victoria depende no tanto del vigor general como de poseer armas especiales, casi siempre limitadas a los machos.

Entre las aves, la contienda es con frecuencia de carácter más pacífico, pues hay gran rivalidad entre los machos de muchas especies para atraer a las hembras por el canto o desplegando hermosos plumajes para verse de la mejor manera posible. También hacen extrañas y grotescas figuras, y luego las hembras espectadoras escogen al compañero más atractivo.

De los animales acuáticos hay muchos hermafroditas que se fecundan a sí mismos; pero en este caso, las corrientes de agua ofrecen el medio directo para el cruzamiento accidental.

Después de consultar a una de las más grandes autoridades, el profesor Huxley, no hemos podido descubrir un solo animal hermafrodita cuyos órganos de reproducción estuviesen tan perfectamente encerrados que pudiese demostrarse ser físicamente imposible el acceso desde afuera ni la influencia ocasional del individuo distinto.

El cruzamiento desempeña un papel muy importante en la naturaleza porque conserva a los individuos de la misma especie o de la misma variedad fieles y uniformes en carácter.

Así obrará evidentemente con mucha más eficacia en aquellos animales que se unen para cada nacimiento; pero, como ya se ha dicho, tenemos razones para creer que en todos los animales y plantas hay cruzamientos ocasionales.

Si cambian las condiciones de vida y sufre modificación la forma, puede comunicarse la uniformidad de carácter a la modificada descendencia, conservando la selección natural solamente a las variaciones favorables semejantes.

El aislamiento también es un elemento importante en la modificación de las especies por medio de la selección natural.

En un área limitada o aislada, si no es muy grande, serán generalmente casi uniformes las condiciones orgánicas e inorgánicas de la vida, de modo que la selección natural tenderá a modificar de la misma manera a todos los individuos que varíen en la misma especie. Así se impedirá también el cruzamiento con los habitantes de las localidades próximas.

El mero transcurso del tiempo no influye en pro o en contra de la selección natural, y decimos esto porque erróneamente se ha afirmado que dábamos a este elemento gran importancia en la modificación de las especies, como si todas las formas de la vida estuvieran necesariamente sufriendo cambios por ley innata.

El tiempo es importante, y en este concepto su importancia es grande, porque aumenta las probabilidades de que surjan variaciones ventajosas, que lleguen a ser escogidas, acumuladas y fijadas. También tiende a aumentar la acción directa de las condiciones físicas de vida con relación a la constitución de cada organismo.

Finalmente, nos atrevemos a deducir que; aunque las regiones pequeñas y aisladas han sido en algunos conceptos altamente favorables para la producción de nuevas especies, el curso de las modificaciones habrá sido por lo general más rápido en las regiones grandes. Y lo que es más importante, que las nuevas formas producidas en áreas extensas, y victoriosas sobre muchos competidores, serán las que más se extiendan y den lugar a mayor número de variedades y especies nuevas, desempeñando así el papel más importante en la historia del cambio del mundo inorgánico.

De acuerdo con esta idea, en una isla pequeña habrá sido menos severa la lucha por la existencia y habrá habido menos modificaciones y menos exterminio. Todos los depósitos de agua dulce sumados constituyen un área pequeña, comparada con la del mar o con la de la tierra. En consecuencia, la competencia en las producciones de agua dulce habrá sido menos rigurosa que en otras partes; nuevas formas se habrán producido más lentamente y las formas antiguas se habrán exterminado aún con más lentitud.

En conclusión, diremos que para las producciones terrestres, toda región continental grande que haya pasado por muchas oscilaciones de nivel habrá sido la más favorable a la producción de muchas formas nuevas de vida, propias para durar por largo tiempo

ABOUT THE AUTHOR

ÁLVARO PARRA PINTO is a literary author and journalist born in Caracas, Venezuela (1957). He is the editor of the South American publishing company EDICIONES DE LA PARRA and has published several of his books in Kindle format, including his bestselling series SELECTED READINGS IN EASY SPANISH. Especially designed for the intermediate language student, each volume of this series is written in simple, easy Spanish.

AMAZON AUTHOR PAGE:
http://amazon.com/author/alvaroparrapinto

Contact the Author:
ineasyspanish@gmail.com

Twitter Account:
@ineasyspanish

Published by: Ediciones De La Parra
http://www.edicionesdelaparra.com*Copyright © Alvaro Parra Pinto 2012. All Rights Reserved.*

THANK YOU!

Ediciones De La Parra

Thanks a lot for reading this book!

Our main goal is to help intermediate-level readers like you, by providing simple, selected readings in easy Spanish at low prices!

If you liked this product, please give us a minute and leave your review in Amazon:

PLEASE LEAVE YOUR REVIEW!

AND CHECK OUT THE REST OF THE VOLUMES OF THE SPANISH LITE SERIES!

SPANISH LITE SERIES: VOL. 1

*The Three Musketeers by Alexandre Dumas
*Tarzan Of The Apes by Edgar Rice Burroughs
*The Metamorphosis by Franz Kafka
*Five Weeks In A Balloon by Julius Verne.
*Wuthering Heights by Emily Brontë
*Frankenstein by Mary Shelley

SPANISH LITE SERIES: VOL. 2

*Dracula by Bram Stoker
*The Miserables by Victor Hugo.
*Don Quixote by Miguel de Cervantes
*Gulliver´s Travels by Jonathan Swift
*A Study in Scarlett by Sir Arthur Conan Doyle
*Jane Eyre by Charlotte Brontë

SPANISH LITE SERIES: VOL. 3

*Arabian Nights (Anonymous)
*The Jungle Book by Rudyard Kipling
*David Copperfield by Charles Dickens
*From The Earth To The Moon by Jules Verne
*Treasure Island by Robert Louis Stevenson
*The Origin of Species by Charles Darwin

SPANISH LITE SERIES: VOL. 4

*The Wise King by Khalil Gibran
*After Twenty Years by O Henry.
*Robinson Crusoe by Daniel Defoe
*Pride and Prejudice by Jane Austen
*The Bronze Statue by Juan Vicente Camacho
*The Art of War by Sun Tzu

SPANISH LITE SERIES: VOL. 5

*Journey To The Center Of The Earth by Jules Verne
*Aladdin´s Lamp (Anonymous)
*The Adventures of Tom Sawyer by Mark Twain
*Sandokan, The Malaysian Tiger by Emilio Salgari
*War and Peace by Leon Tolstoi
*The History of Herodotus by Herodotus

SPANISH LITE SERIES: VOL. 6

*20.000 Leagues Under The Sea by Jules Verne
*Conan The Barbarian by Robert E. Howard
*The Lost World by Sir Arthur Conan Doyle
*The Travels of Marco Polo by Marco Polo
*The Tortoise and The Hare by Aesop
*The Prince and The Pauper by Mark Twain

SPANISH LITE SERIES: VOL. 7

This volume includes a selection from the following best-sellers:
*A Connecticut Yankee in King Arthur´s Court by Mark Twain.
*The Hunchback of Notre Dame by Victor Hugo
Plus the COMPLETE & CONDENSED EDITION of:
*The Picture of Dorian Gray by Oscar Wilde

SPANISH LITE SERIES: VOL. 8

This volume includes the COMPLETE AND CONDENSED EDITIONS of three famous TALES OF HORROR:
*The Dead Woman by Guy de Maupassant
*The Black Cat by Edgar Allan Poe
Plus the 1886 bestselling novel that shook the world:
*Dr. Jekyll and Mr. Hyde by Robert Louis Stevenson

SPANISH LITE SERIES: VOL. 9

*Robin Hood (anonymous)
*Mysterious Island by Jules Verne
*Africa by David Livingstone
*Madame Bovary by Gustave Flaubert
*The Trial by Franz Kafka
*The King´s Dream by Herodotus

SPANISH LITE SERIES: VOL. 10

This volume includes the COMPLETE AND CONDENSED VERSIONS of three famous VAMPIRE STORIES:
*Vampirette by E. T. A. Hoffmann.
*The Dead Lover by Théophile Gautier.
Plus the bestselling vampire novel:
*Dracula by Bram Stoker.

Selected Readings In Easy Spanish Vol. 3

Ediciones De La Parra

Selected Readings in Easy Spanish is especially made for intermediate language students like you. Compiled, translated and edited by the Venezuelan bilingual journalist and literary author Alvaro Parra Pinto, editor of **Ediciones De La Parra.**

AMAZON AUTHOR PAGE:
http://amazon.com/author/alvaroparrapinto

CONTACT THE AUTHOR:
ineasyspanish@gmail.com

@ineasyspanish

PUBLISHED BY: EDICIONES DE LA PARRA
http://edicionesdelaparra.com

Copyright © Alvaro Parra Pinto 2012. All Rights Reserved.

Made in the USA
San Bernardino, CA
12 October 2017